세월은 흐른다

세월은 흐른다

김종달 시집

도서출판 경남

시집을 내면서

글을 쓴다는 것은 쉬운 일이 아니다. 기지개를 켜며 솟아오르는 봄 뜰의 새파란 풀잎처럼 떠오르는 대로 멋모르고 글을 쓸 때는 쉬웠다. 하지만 쓰면 쓸수록 마음과는 달리 표현되는 것만 같아 아쉽다.

'세상에는 이런 시집도 있구나' 하고 재미삼아 한 번 읽어 보길 바랄 뿐이다. 다음번에는 더 공부하고 연구하여 좀 나은 시집을 펴내보도록 노력해야겠다. 관심 갖고 도와주시길 바랄 뿐이다.

2011년 7월

혜산 김종달 拜

| 차 례 |

2. 가냘프게 흐르는 풍경 소리

3. 담장과 반주깨미

4. 훈풍에 실려오는 꽃향기

제1부

그리움이
샘물처럼
솟아오르고

어머니

사립문 옆 큰 감나무 위
산까치 날아와 울자
손자놈 단잠 깰까
걱정하시던 우리 어머니
오늘은 어디에서
무얼 하고 계실까?
보고 싶고
만나고 싶은
인정 많던 우리 어머니

토담집 높은 굴뚝
감자 삶는 연기
넘실넘실 춤추며
하늘로 오르고
낮잠 자는 손자 녀석
콧노래로 잠재우시던
다정했던 우리 어머니
오늘은 어디에서
무얼 하고 계실까?

보고 싶고
만나고 싶은
우리 어머니

다정한 어머니

동무하고 놀다가
늦게 집에 온 아들에게
"왜 이리 늦게 오느냐?"
꾸중하시며
실눈으로 살짝 흘겨보시며
저녁상 차려주시던
다정했던 우리 어머니

빈 집에
나 혼자 남겨 두고
어디 가셨을까?
보고 싶고
만나고 싶은
우리 어머니

언제 다시 만나서
옛이야기하며
재미있게 살 수 있을까?

새 참

어머니께서
머리에 무언가 담아 이고
논매고 있는 일터로 오셔서
논둑에 함지박을 푸셨다

일꾼들이 모여들어
농담을 하며
막걸리 잔을 주고받으니
피곤은 달아나고
힘이 솟구쳐 오른다

물논에서 나온 다리에 붙은
거머리 한 마리
피 빨다 들키자
내동댕이쳐진다

삶아 온 감자와
막걸리 잔은
바쁘게 오고간다

어머니 생각

1.

하이얀 머리카락
주름진 얼굴로
혼자 있는 아들과 같이
살아가기 바쁘셨던
인정 많던 우리 어머니

들국화 멋진 향 듬뿍 마시며
이 밭 저 밭
곱게 자란 농작물
손보기 바쁘셨던 어머니
지금은 어디에서
무엇 하고 계실까

2.

찰가닥 찰가닥
베 짜는 소리 흥겨웠는데
지금은 들을 수 없는
외진 시골집 평상
베 짜는 소리 자장가 삼아

손가락 빨고 누워 자던 머슴애가
머리카락 희끗희끗한
할아버지 되었는데

복사꽃 고운 얼굴에 미소를 흘리며
항상 귀여워해 주시던 우리 어머니
먼 길 떠나신 지 오래된 지금
옛 생각 자꾸 나고 눈물이 나네
자식 잘 되라고 정화수 떠놓고 빌던
다정했던 우리 어머니
보고 싶고
만나고 싶네

*어머님 택호는 지산댁이었다. 어머님은 길쌈을 잘하셨는데 베틀에 앉아 베 짜는 데는 동네 제일이라는 소문이 자자했었다. 지금도 여름철 내가 입고 다니는 삼베옷과 모시옷은 우리 어머님께서 직접 짜 놓으신 것으로 만들었다.

호랑이 아버지

쇠꼴 베어 지게에 얹어
살금살금 집 찾던 꼬마
지금은 나이 들어
이렇게 늙었는데
흰 수염 쓰다듬으며
헛기침하시던
호랑이 아버님은
어디 가시고 보이지 않을꼬?

어머니는 아들이 꾸중 들을까 걱정되어
살짝 대문 열어 주셨고
도둑같이 몰래 들어섰던 아들이
이렇게 늙었는데
아버님은 어디 가시고 보이지 않으실꼬?
보고 싶고
만나고 싶은
우리 아버지

자식에게 엄하셨던
우리 아버지
아들이 이렇게 보고 싶어
찾고 있는데
아버님은 어디 가시고
계시지 않으실까?
보고 싶고
만나고 싶은
우리 아버지

찾아 뵙고
옛이야기 나누고 싶네

부모님 묘소*라도 보고 싶어

부모님 생각나
먼 하늘 바라보니
뭉게구름 고향 쪽으로
말없이 흐르네
나도 저 구름처럼
둥둥 떠서
아버님 어머님
누워 계시는
고향땅 선산에 찾아가
실컷 울고 오고 싶네

*하동군 양보면 통정리 목골(선산 내) 酉坐

어렸을 적 생각 · 1

보릿고개 노랗게 물든
늦여름이 오면
친구와 함께 잿밭에 가서
가지 따서 베어 먹고
내동댕이쳐 가며
둥그런 박 덩이에 꼬챙이 박고
손톱으로 글 썼던 짓궂은 심술쟁이
왜 그랬을까, 왜 그랬을까
나이 든 지금 생각하니
우습기만 하고
못된 짓 많이 했구나
뉘우쳐 지네

어렸을 적 생각 · 2

대여섯 살 되었을 즈음
사랑채 부엌에서 쇠죽 끓이며*
불을 때라 이르고
마실 가신 할머니 몰래
부지깽이에 불을 붙여
공노* 바닥에 살짝 대니
불이 붙고 말았네

깜짝 놀란 나는
위채 부엌에 계신
어머님께로 달려가
"엄마 불이 붙었어요" 하고
소리를 질렀고
어머님은 뛰어나오시며
"불이야!" 외치셨다

사랑채를 제법 태운 불길은
동네 사람들 양동이 물로 꺼졌다
놀란 가슴 쓸어내리기도 전에
어머님께 부지깽이로

장딴지를 두들겨 맞고

꾸중을 들었다

지금 생각하니

'참 바보였었구나!'

웃음이 절로 난다

*옛날 시골에서는 겨울철에는 큰 가마솥에 쇠꼴과 물을 부어 삶아 소를 먹였다. 이런 것을 쇠죽을 끓여 먹인다고 한다.

*공노 : 아래채 부엌 위 쉴 수 있는 마루를 뜻하는 하동 방언.

아코디언 연주

"딩동댕" 아코디언이 운다
'황성 옛터에 –' 가 연주되더니
이번엔 '두만강 푸른 물이 –' 연주된다
악사의 왼손가락 오른손가락이
바쁘게 움직이고
노랫소리가 멋지게 흘러 나간다
옆에 섰던 아저씨의 어깨가 들썩들썩하고
누가 부르잔 소리도 안 했는데
노랫소리는 울려퍼진다
이 사람도 저 사람도
옆에 있는 모든 사람들의 합창 소리가
산을 울리고 어깨가 들석들썩하고
흥겨워서 춤들을 춘다
"아 – 재미있다"
일흔 살 가까운 노 신사가 하는 소리다

아코디언과 무명 악사

뒷동산 소나무 아래
빛바래진 의자
아코디언을 둘러멘
무명악사 앉아
흘러간 옛 노래 연주한다

손가락이 춤추고
가는 사람 오는 사람
아코디언 반주에 맞추어
흥얼거리며 오르내리는
산길이 바쁘다

아코디언을 타며

'딩동댕'
하얀 건반이
작은 손가락에 눌려지자
'딩동댕'
아름다운 가락이 흐른다

"어머님의 손을 놓고 돌아설 때에…"
멋진 가락이 흐른다
아이들이 옆에 모여서 본다
등산복 차림의 젊은 여인네 몇 사람이
한참 옆에서 보고 있더니
아쉬운 듯 발을 옮긴다

곡은 바뀐다
"아– 으악새 슬피 우는 가을인가요…"
여인네들이 자기들끼리 뭐라뭐라 말을 하더니
다시 돌아선다

노래는 계속된다
이번에는 "다시 한번 그 얼굴이 보고 싶구나…"
계속 노래가 이어진다

아이들, 여인네들…
악사 주위에는 제법 많은 사람이 모여들었다
악사는 신이 나는 모양이다
아코디언 연주는 계속되고 있다

논 팔고 후회하네

논 팔고 밭 팔았더니
가슴이 아프네

부모님께 물려받은 논밭
잘못 생각해 팔았더니
가슴 아파 괴로우니
어쩌면 좋으랴

일 못하고 자주 못 가
경작하기 어려워
팔고 말았더니
이렇게 속 아플 줄
난 몰랐었네

이젠 팔지 않고
사 보태며 살아야겠네

난시밭*

어머님께서 애지중지 가꾸시던
조그마한 난시밭
상추 심고 도라지 심어
가꾸고 있는데
잡초는 왜 저리
잘 자랄까
난시밭에 호미 들고
풀 뜯고 있는
아내의 모습 바라보고 있으려니
먼 길 가신 어머님이
아른거리고
저쪽 밭 구석에선
이름 모를 벌레의 울음소리
구슬피 들려오네

*난시밭 : 남새밭의 하동 방언.

게 낚는 소년

흐르는 개울물 소리에
피라미 새끼 놀라 달아나고
소매 걷고 게 낚는데
정신 쏟고 있는 소년
시원한 바람 불어
등을 간질어도
시원한 줄 모르고
게 구멍만 노려본다

*게 낚는 법 : 대꼬챙이 끝에 게 먹일 달고 게가 사는 듯한 돌담 구멍에 꼬챙이를 넣고 게를 꼬여내 잡는다.

막걸리 판

어릴 적 헤엄치며 놀던
조그만 개울물에
피라미 새끼들
물살 거슬러 올라간다

소년아,
농약 탓에 없어진 민물고기들
언제 되돌아와
옛날같이 살겠느냐

반디 들고 달려가 잡아와서
시래기 넣고 국 끓여
오가는 사람들 불러 모아
막걸리 잔치하여
거나하게 취하면
흘러간 노래
마구 불러댔던 옛날
지금 생각하니
즐거웠고 우습기만 하였네

잃어버린 반지

언젠가부터 왼손 약지에
끼고 다니던 금반지
먼데 떠난 그 사람이
사서 끼워 주던 것
목골*밭 매실 따다
어딘가 흘려버려
이리저리 찾았으나
찾질 못했네
왜 그리 아까울까!
왜 그리 아까울까!
너무 아까워서
어떻게 할꼬!

*목골 : 하동군 양보면 밤실에 있는 지명.

늦게나마

내 나이 여든이 내일모레라
주름살이 온 얼굴에 퍼졌는데
백발이 뒤질세라 지름길로 찾아왔네
가슴 태우고 고생하며
주머니 아끼면서
뭐하려고 살아갈 것인가!

아는 친구 만나면 막걸리 사고
손자놈 용돈이나 자주 주게
나무옷 갈아입고 북망산 갈 때
아낀 돈 갖고 가는 사람
하나도 보지 못했네

친구들과 재미있게 놀러다니고
가족들과 오순도순 정답게 살다가
웃으면서 편안히 가면 얼마나 좋을까

인생살이

빗줄기 세차게 내리던
여름날 오후
빨랫줄에 앉아
재잘대던 강남제비
힘찬 날갯짓하며
강남으로 떠나듯
우리 인생살이 고되다 하여
그만두면 되겠는가
고됨을 참고 굳세게 살아가야지

낙엽처럼 쉬 떨어지지 말고
삼천갑자 동박삭처럼
흐르는 세월 잡아
오래토록 살아들 가세
영원토록
오래오래
행복하게 살아들 가세

옛이야기

포근한 할머니 무릎에 누워
호랑이 담배 피우던
옛날 옛적 이야기 들으며
스르르 잠들었던 손자가
자라서 할아버지 되었는데
호랑이가 무서워하던 곶감은
어디다 어떻게 했는지 알 수 없고
할머니마저 어디 가셔서
계시지 않으니 알 길이 없네
보고 싶고 만나고 싶은 우리 할머니
지금 어디에서 무엇하고 계실까!
보고 싶고 만나고 싶은 우리 할머니
얼른 만나서 옛이야기 또 듣고 싶네

별

구름 한 점 없는 밤하늘
반짝반짝 별이 빛난다
저 별은 너의 별
이 별은 나의 별
저쪽에 보이는 또 하나의 큰 별
그 별은 뉘 별일까

떠 노는 별

푸른 하늘에 사이좋게 떠 노는 별들
해님이 주워 모아 놓고
서산 언덕에 떨어졌을까?
달님이 시집오면서
데리고 와서 놓고 갔을까?

은하수를 경계 삼아
양편에 갈려 서서
무슨 내기 경주라도 하는 걸까?

서산 가까이 떠 노는 별은
해님 전송하는 별이고
동산 가까이 떠 노는 별은
시집오는 달님 맞이하는 별일까?
말이 없으니 알 수가 없구나
궁금하니 말이나 하고
사이좋게 떠 놀기나 하여라

태 풍

우르르, 쾅쾅
담벽에 매달린 간판이
떨어져 뒹굴며 날고,

우르르, 쾅쾅
과수나무 가지가 부러져
배가 떨어져 뒹군다

애써 가꿔놓은 농작물이
날벼락을 맞자
이제 그만 그쳐 주었으면 하고
바라는 맘 간절하다

할머님의 건강

사립문 옆 키 큰 감나무에
까치밥으로 남긴
홍시 하나
그 밑으로
손자 손잡고
마실 나가는 할머님
개미 떼 떨어져 있는
과자 한 조각 메고 간다
작은 힘이 큰 힘 되는 본보기다

허기진 독수리는 먹을 것 찾아
허공 높이 날고
뽀얀 안개 너머
콜록거리는 할머님
힘 없는 기침 소리
할머님의 건강 걱정하는 손자는
건강하게 오래 사셔요
우리 할머님!
마음속으로 빌고 또 빈다

굳게 살아가자

캄캄 어두워도
바람 소리
윙윙 들려도
가만히 가만히 앉아
'내일은 무슨 일을 할까'
생각하는 사람

비바람 이겨내고
모진 풍파를 헤쳐가는
억새풀처럼
굳건히
모질게 살아가는
굳센 사람이 되자

이 세상
살아가긴 쉽지 않다
아무리 어려운 난관이 닥치더라도
이를 극복하고
굳건히 살아가야 한다

알 밤

심은 이도 모르고
가꾼 이도 모르는
오래된 밤나무 한 그루
대소쿠리 들고
알밤을 주워 담는다

화롯가엔
할머니와 손자가
정다이 마주 앉는다

할머니의 구수한 옛이야기에
구운 알밤 껍질만
차곡차곡 쌓인다

호랑이 담배 피우며로 시작된
할머니의 구수한 옛이야기에
손자는 잠을 잃었고
밤은 깊어만 간다

새벽닭이 울음 터뜨린다

세월은 흐른다

세월은 흐른다
물레방아 돌듯
흘러간다
지나간 세월은
돌아오지 않지만
피었다 진 꽃은
이듬해 다시 피어난다

물은 흘러가서
바다에서 다시 만난다
그러나 사람은
북망산 가고 나면
돌아오지 않는다

사람도
계절이 순환하듯
다시 돌아올 수 있다면
얼마나 좋을까?

엇그제 돋아나던 새싹이
싱싱하게 자라
잎 나고 꽃 피고
시들어지지만
다음 해
다시 봄이 되면
자라듯
사람도 갔다가
다시 돌아와서
싱싱하게 오래도록 살면
얼마나 좋을까?
그렇게 되었으면
정말 좋겠네

제2부

가냘프게 흐르는 풍경 소리

불송골 폭포 · 1

어린 목동 시절
서잇재에 소 풀어놓고
재미있게 놀다
서산에 해 떨어질 즈음
허겁지겁 달려가
폭포에서 물 맞고
입술이 새파랗게 되면
양지쪽 바위에
벌거벗고 누워 놀다가
따뜻해지면
소 찾아 집 찾던
목동 시절 그립네

오랜 세월 지나도
폭포는 그대로 낙하를 멈추지 않는데
그때 같이 물 맞던 친구들은
어디 갔는지 보이지 않네

보고 싶고 만나고 싶은
그때 그 시절 친구들아
언젠가 다시 만나
그때 이야기하며
재미있게 놀아보자

불송골 폭포 · 2

내 놀던 뒷동산 서잇재
푸르렀던 잔디밭
잡목으로 뒤엉켜 있네

자치기하며 놀던
넓은 잔디밭

양편으로 나뉘어
기마전하며
뛰놀던 잔디밭은
온데간데없네

소 풀어 놓고 놀다
늦게사 찾아가면
불송골 골짝논
벼 뜯어 먹었다고
논 임자에게 소고삐 잘리고
야단맞던 목동 시절
지금은 흘러간
옛날이 되었네

퇴봉산 근원하여
흐르던 골짝물은
불송골 폭포 되어
오늘도 흐르고
물 맞고 벌벌 떨며
볕 쪼이던 넓적바위는
변함없이 오늘도
그대로 있네

친구들과 나란히 앉아
옛날 얘기 도란도란했던
그때 그 시절이
그립기만 하네

공 허

술상 앞에 마주 앉은 두 친구
권커니 받거니 술을 마신다

안주를 가져오는
아내의 찡그린 눈살 너머
창밖에는 하얀 눈이
소리 없이 내린다

게을러서 덮어둔
책 한 권은
책상 위에 홀로 뒹굴고
눈을 뒤집어쓴 은행나무엔
점령군처럼 어둠이 밀려온다

한 집 두 집
불이 켜지는 산골 마을엔
아낙의 부드러운 숨결이 흐른다

한여름

찜통 더위 견디기 어려워
귀한 삼베옷 입고
에어컨 틀어놓고
죽부인 끌어안고
늘어지게 단잠 자네

경주 남산

바위마다 앉은 부처님
누가 조각하여
용케도 천년 동안
오래 버텨 왔을까

범종 소리 뎅뎅–!
극락정토로
솔바람 잡아타고
흘러서 가네

희 망

큰 꿈과 이상을 안고
부푼 애드벌룬처럼
푸른 하늘을 훨훨 떠서
정든 고향 땅으로 날아가
정다운 친구들 만나
옛날같이 즐겁게 놀고 싶다
오래오래 영원히
즐겁게 놀고 싶다

잡초처럼

남새밭에
잡초 나지 못하게
호미로 매고
농약도 뿌렸으나
잡초는 계속 자라기만 한다

잡초는 뽑아도 뽑아도
자꾸만 자라나
성가시게 하고
비만 오면 더 많이
싱싱하게 잘 자란다

세상일
잡초처럼
잘 자라고
풀렸으면 한다

구슬픈 부둣가

물결에 배가 춤을 춘다
아침 7시에 출항한다
어디로 갈까
돝섬, 가포, 거제도…
가는 사람이 몇 사람 안 되는데
출항하기 위하여 뱃고동이 울고
배가 움직이자
배를 타기 위하여
달려오는 사람이 있다
배가 출항하니 손수건을 흔들며
이별하는 사람도 있고
이별의 눈물을 닦는 사람도 있다
뱃고동 소리 목이 터져라
크게 "뚜－" 하고 계속 운다

남해 부둣가

남해의 푸른 물은
맑기만 하다

돛단배 기적 울리며
고기 잡아 오고

부두에 서성거리며
만선의 고깃배가
들어오길 기다린다

물결이 일렁일렁
갈매기 울며 날아간다

무더위

견딜 힘 시험하는 무더위다
난 에어컨 아래서
더위를 식힌다

매미는 나무 그늘에서
노래 부르고
잠자리는 이리저리
날아다닌다

소나기라도
한차례 내리면
좀 시원해지지 않을까

덥다 더워
너무 무덥다

해변 가서 살자

아가야,
우리 해변에 가서
조개껍질 주워 모아
목걸이 만들어 걸고
게, 조개 잡아서
보글보글 냄비에 삶아
권커니 받거니 먹으며
해변 가서 살자
갈매기 너울너울
춤추며 날아다니는
해변에 가서
즐겁게 살자

내 고향 밤실

내가 살던 고향은
이명산 아래
통정벌 가운데
주교천이 흐르고
와룡산 멀리 보이는
밤실이라네

봄이 되면 울긋불긋
진달래 피고
꺼병이* 끼르르 날아가는
태봉산 자락
인심 좋고 살기 좋은
밤실이라네

*꺼병이 : 꿩의 어린 새끼.

나의 고향

나의 고향은
이명산과 동무하러
살금살금 걸어오다가
부잣집 정지 가시내에 들켜
그 자리에 멈춰선 소오산(금오산)*이
손바닥처럼 보이는 태봉산 아래
오순도순 모여 사는
정겨운 마을

주교천 맑은 물이
도란도란 이야기하며 흐르고
사천 와룡산이
건너다 보이는 곳

넓은 통정벌에 오곡이 무르익는 가을이 오면
허수아비 춤추고 산새 들새가 떼지어 날아다니는
풍요로운 곳

이명산, 자질봉, 퇴봉산이 동네를 에워싸고
산새 들새가 마음대로 날아다니며 노래하는 곳

무릉도원이 여기라고 착각할 정도로
아름다운 곳
천하에 이렇게 아름다운 곳이 어디 있겠는가

북풍한설 세찬 바람은 자질봉이 막아주고
이명산과 금오산을 좌청룡 우백호 삼아
멋지게 앉아 있는 우리 마을

서제, 대내, 신정, 통정, 안터, 밤실, 가막실
일곱 마을이 시샘하듯 사이좋게 끌어안고 있는
복된 마을

날로 번창하고 발전해 나가고 있는
부자 마을 그 이름 밤실이라네

*소오산 : 높이 솟아 있는 산이란 뜻이다. 금오산이라고도 한다. 하동군 금남면 진교면 고전면에 걸쳐 있으며 높이는 849m이다. 전설에 의하면 소오산이 이명산과 동무하기 위하여 우리 동네 쪽으로 걸어오는데 부잣집 정지 가시내(식모)가 보고 "산이 걸어온다" 하니까 놀라서 그 자리에 멈춰서고 말았다 한다.

마호 할매는 도술에 뛰어났고 축지법을 쓸 줄 알아서 지리산과 금오산, 남해 금산을 관장하며 마음대로 세 산을 뛰어 건너다니고 있었다. 그러나 사람들이 남해에 가려면 바다를 건너가기 어렵겠다 싶어 바다에 돌다리를 놔 주어야겠다고 마음먹고 지리산에서 많은 돌을 갖고 오다가 금오산에서 실수를 하여 미끄러지는 통에 돌을 금오산에 쏟고 말았다. 그래서 금오산에 돌이 많다고 한다. 그리고 금오산 상봉에는 군사시설이 있는데 여기서 근무하던 장교 한 사람이 월북하는 통에 지금은 군사시설에서 작전상 중요한 일을 하지 않는다는 소문이 나돌고 있는데 알 수 없다.

이 금오산 상봉에는 나와도 깊은 인연이 있는 이야기가 하나 있다. 내가 남해 교육장으로 근무할 때 관사에서 교육청까지 관용차를 타지 않고 걸어다니는 때가 많았다. 그 길가에 살던 한 여자가 나를 좋아하여 다니는 것을 보고 매일 저녁 아홉 시쯤 되면 나에게 전화를 걸어 왔다. "교육장님, 오늘 넥타이 색은 ㅇㅇ색인데 참 좋대요. 내일은 ㅇㅇ색을 매세요." 등의 말을 걸어 왔었다. 나는 그 여자를 본 일이 없고 알지 못한다. 그러던 어느 날 비가 오는데 그 여자로부터 전화가 왔다. "지금 관사로 찾아갈테니 대문을 열어두고 기다리십시오." 하므로 나는 겁이 났다. 그래서 나는 "친구들이 와서 고스톱을 치고 있으니 오늘은 오지 마세요." 하고 말렸다. 그런데 이 여자가 나를 그리워하다가 몸이 아파 남해병원에 입원을 하게 되었다. 하루는 문병 온 자기 조카에게 "내가 김ㅇㅇ 교육장을 좋아하나 그 사람이 거들떠보지 않는다. 내가 병이 낫진 않을 것 같으니 죽으면 화장을 하여 재를 그 사람 집이 보이는 금오산 상봉에 뿌려 달라"고 부탁했다고 한다. 그가 죽자 그 조카가 재를 금오산 상봉에 뿌렸다는 이야기를 조카가 J과장에게 말을 하여 내게까지 전해져 왔다. 한 번 만나 이야기나 해줄 것을 내가 잘못했구나 하고 후회해 본다. 운명인 것을 어찌하겠는가. 참으로 미안한 이야기이다.

밤 실

지리산 줄기가 아래로 뻗어 오다가
명산 이명산을 순산하였네
그 아래 조그맣고 아담한 마을
넓은 황금평야 통정벌을 만들어
사람들이 모여 평화롭게
살도록 만든 곳
그곳은 신선도 샘을 내는
내 고향 밤실 아닌가

이명산 근원하여 흐르는 주교천
황금들녘 통정벌을 만들었고
산새 들새 모여 노래 부르며
철 되면 진달래 개나리 곱게 피는
아름다운 고장 밤실 만들었네

연자방아 돌아가고 개똥벌렛불
반짝반짝 빛나던 곳
게, 가재 잡으며 해 지는 줄 모르던 곳
얼른 달려가 보고 싶은 그곳이
하동군 양보면 밤실 아닌가

가고픈 고향

쪽빛 물든 하늘에
아미 같은 달
돛 달아 휘어 타고
은하수 건너
푸른 내 고향으로
날아가고 싶구나!

고향 가는 길

정든 하동골
내 고향 찾아가면
졸졸졸 흐르는 시냇물
반갑다 인사하고
하늘 나는 까막까치도
울며 맞아 주네

정든 하동골
내 고향 찾아가면
참새는 짹짹짹 인사하고
들소는 음—메 울며
반갑게 맞아 주네

내 고향 주교천*

어진 사람들
모여 살고 있는
내 고향 양보면
주교천 맑은 물
흘러 내려가고
방암사 주지스님 목탁 소리
따라 흐르네
솔바람 소리 뒤질세라
산새 소리 뒤질세라
망망대해 남해 향해
날 살려라 달리고
주교천 가 넓은 벌엔
허수아비 춤추네

*주교천 : 양보면 중심부를 흐르는 시내.

고향 떠난 사람들

고향이 그리워
오랜만에 찾아가니
아는 사람 별로 없고
빈집만 여기저기

앞집에 살던 순이
서울로 떠났고
뒷집에 살던 철이
부산으로 떠나갔다네

모두들 낯선 객지에 가서
고생이 많겠지?
자주 고향에 와서 만나
옛이야기하고 웃고 노세

옛 친구

객지로 전전하다
오랜만에 고향 가니
어릴적 옛 친구가
반갑게 맞아주네

객지에서 사귄 친구도 좋지만
어릴 적 옛 친구는 더더욱 좋네
그래서 옛 사람들도
죽마고우 죽마고우 하였겠지?

참말로 죽마고우는
얼마나 좋은가!

소나기

너무 무더워 숨을 헐떡이자
무더위를 식히라고
소나기 나린다

우비 없이 길 가던 사람
책 한 권 머리 위에 대고
집을 향해 뛰어간다

옛말에 우비와 거짓말은
항상 갖고 다니라 했던가!
후회한들 무슨 소용이랴
안 가진 우비를!

복된 통정리 사람들

방바구 기암괴석 위 흐르는 시냇물 소리
방엄사 스님의 목탁 소리와 어울려
이명산 골로 흘러드니
극락성지 통정리로다

선조들이 공들여 쌓은 성재산성
왜구와 대적했던 거룩한 성지
시냇물 흘러흘러 주변엔 통정벌
곡창지대 여기니 복되게 살아가세

소나무 몇 그루

뒷동산 공원에
쭉 뻗은 소나무 몇 그루
허공이 좁다 하고
가지 뻗고 자라네

온종일 말없이
가만히 서 있으나
친구라곤 찾아오는
참새 몇 마리
다람쥐도 가끔씩
타고 오르나
침엽수 보드라운 침으로
찌를 때도 있다

뒷동산 공원에 서 있는
소나무 몇 그루
산들바람 내뿜어
솔향기가 좋구나

가장 편안한 자리

사람들이 살아가는 이 세상에서
가장 편안한 자리는 어디일까?

어머님의 따뜻한 품 안에서
소곤소곤 잠자던 어린 시절

그보다 편안한 자리 어디 또 있을까

오래된 옛집

할아버님 할머님 사셨고
아버님 어머님 사셨으며
대를 이어 자식들 데리고
내가 살아가고 있는
오막살이 초가집
얼마나 좋은 곳인가!

비바람 된서리 맞아가며
마당 저쪽 양지쪽에 곱게 자란 수국
올해도 부스스 눈 비비고 일어나는
나의 오래된 집

왕궁이 이보다 좋을쏜가
이 세상 제일 좋은 집은
내가 나서 자라던
오막살이 이 집일세

바위 옆

이 다음 내가
나이 많아 죽으면
저 바위 옆
잔디밭에 뉘워 주렴

비바람
추위와 더위 버티며
오래오래 바위 옆 잔디밭에
누워 있고 싶구나

흐르는 구름 보고
내리치는 뇌성벽력 소리 들으며
바위 옆에 그대로
누워 있고 싶구나

막걸리 타령

아주 오래 전 젊은 시절
단골집 대청마루에 앉았다

주모 손가락 담가
가득 떠주는
막걸리 사발

권커니 잣거니 마시며
지나는 사람 끌어들여
혀가 비뚤어지도록 마시며

옛이야기 주고받던 때
엊그제 같은데
지금은 흘러간 옛날 되어

주막도 주모도 어딜 갔는지
알 길 없고
빈 집터엔
잡초만 무성하네

제3부

담장과 반주깨미

운동회 날 만난 친구

운동회 날
도시락 싸들고
학교에 갔다
오랜만에 만난
반가운 친구들

“야이 문둥아, 잘 있었나?”

꽉 껴안고
놓을 줄을 모른다

숨바꼭질하던 때

60년이 훨씬 지난 옛날
우리 집 사랑채 마당에서
숨바꼭질 벌어졌다

철이는 덕석 뒤에 숨고
나는 장독 뒤에 숨었다
엄마가 담가둔 장독 뒤에 숨어
찾아다니는 순이를 피해
살살 병아리처럼
이리저리 옮겨 다녔다

이런 놀이를 하며
자라던 그때가 즐거웠는데
같이 놀던 친구들은
어디 갔는지 없고
나 홀로 외롭게 사니
그때가 그립기만 하다

장군놀이

모닥불에 곱게 구운
주먹만 한 알감자
동무들과 나누어 먹고
시커매진 입가
부끄러운 줄 모르고
마주보고 웃었고
코 닦아 반들거리던 손등이
유리알처럼 반들반들 빛나고
밭둑에 누운 호박 덩이
말뚝 박아 놓고
하늘 쳐다보고 누운 박 덩이에
손톱으로 글 쓰던 소문난 장난꾼
지금은 나이 들어
점잖은 사람 되었네
그 장난기 많던 꼬마 녀석
나이 들어 할아버지 되었고
옛날 그 장난기는 어디다 버리고
지금은 이렇게 점잖아지셨나
장군처럼 설치던 어릴 적 모습
지금은 볼래야 볼 수 없게 되었네

이 편 저 편 나뉘어서 기마전 하다가
풀어놓았던 소들이 남의 전답에 들어가
한 해 농사 다 망쳤다고
야단도 맞지 않았던가
산에 소 풀어놓고 장난치고 놀다가
해 지면 소 찾아 소등에 올라타고
풀피리 불면서 돌아오던
옛날 생각하니 그때가 그립기만 하다
이런 내가 지금은 늙고 힘없어
마음대로 움직이지도 못하는 늙은이가 되었으니
세상이 야속하고
옛날 그때로 되돌아갔으면 하는 생각이
간절할 뿐이네

가을 오는 소리

주교천 옆 들녘에만
가을이 오는 것이 아니고
시골집 앵두나무 가지에도
가을이 온다
담장 옆 앵두나무에 열린
앵두가 빨갛게 익고
나뭇잎이 노랑옷으로
갈아입을 준비를 한다
대문 옆 감나무 가지엔
매미 한 마리가
가는 여름이 아쉬운지
슬프게 울어댄다
"매록 매록 가을이 온다"
목이 찢어지게 울어댄다

뒷동산

서잇재* 잔디밭은
자치기하던 곳
지금은 잡나무
무성하게 자라
찾을래야 찾을 수 없는
옛 모습이 되었네
같이 뛰놀던 동무들은
어디 갔을까
서잇재에 오독하게
혼자 찾아와서
먼 산 바라보며
옛 생각하니
한숨만 깊어지고
눈물만 나려 하네

*서잇재 : 밤실 마을의 뒷산인 태봉산에 있으며 밤실에서 우동으로 가는 중간 지점의 고개.

무학 암자

꼬부랑길 휘어올라
닿고 보니 무학 암자
요리조리 살펴보니
천하명지 여길세
오목조목 절경마다
부처님 모셨으니
도량할 곳 여기 아닌가

황촉은 소리 없이
눈물짓고 있는데
하이얀 고깔 쓴
스님은 어디 가고
빈 방에 부처님만
외로이 계실까
세상살이 고달파도
불공 땐 한맘인데
온 사람 행복토록
우리 모두 같이 비세

돌담 아래

양지 쪽 돌담 아래는
순이와 반주깨미*하던 곳

"너는 엄마 나는 아빠"
한 살림 차려 놓고
오순도순 살아가던
즐거웠던 어린 시절
지금도 생각나네
즐거웠던 그때 그 시절

*반주깨미 : '소꿉질' 의 경남 방언.

추 억

어느덧 내 나이 노수*가 가까워지자
어릴 적 생각이 뭉클뭉클 떠오르네
책 보퉁이 둘러메고 학교 갔다 오다가
놀려댔던 순이가 울고 달아나던 곳
오늘 그곳에 우연히 찾아왔더니
울고 달아나던 순이는 온데간데없고
그때 피었던 진달래만 곱게 피어
싱긋이 웃으며 맞아주는 것 같네

*노수 : 여든 살.

해 지는 산촌 풍경

소나무 무성한 뒷동산
산새 소리 곱게 흐르고
푸르른 하늘엔
뭉게구름 두둥실 떠노네
해 떨어지는 서쪽 하늘
곱게 물들자
늙은 노인 소 몰고
집 찾아와서
저녁 밥상에 오른
막걸리 한 사발
풋고추에 김치 감아
맛있게 먹고 있네

까치집

사립문 위 쭉 뻗은 감나무 가지에
까치가 나뭇가지 물어다 집 지어 놓고
아침마다 까악까악 울어대자
할배가 시끄럽다고 막대기로 쫓으니
까치가 도망갔다 다시 돌아와서
새로 집 짓겠다고 울어댄다
까치는 고맙다며 다시 집을 지었다
그리고는 고맙다고 까악까악 인사한다
까치는 좋다고 오늘도 날아와
까악까악 인사하며 재미있게 산다
"까악까악 고맙습니다. 복 받으세요."
까치는 오늘도 인사를 한다

들꽃 한 송이

목골 가는 들길가
곱게 핀 이름 모를 꽃 한 송이
너는 어찌하여
오가는 길가에 자라
사람들의 발길에 채이면서
웃음과 향으로 그들을 반기느냐?
푸른 하늘 머리에 이고
말없이 피고 지는 네 모습은
천사와 같이 아름답고
남풍에도 흔들흔들
북풍에도 흔들흔들
걱정 없이 살아가는 네 모습이 부러웁구나

우복역

서행西行열차 고함 지르며
달려가는 고향역
손 흔들며 주고받던
마지막 인사말
지금은 들을 일 없고
갈 일도 없구나
도시락 싸들고
오고 가면서
막걸리 한 잔에
세상이 조그맣고
오가는 사람이 개미 같았던
옛날이 아니었던가!
지금은 그 주막 그 주모
온데간데없고
볼 수도 없으니
아쉬웁구나
그 옛날 그립던 그 시절
다시 올 수 없을까

*하동군 양보면 우복리 폐교된 우복교를 둘러보고 오면서.

고향 들녘 시내

대소쿠리 움켜잡고
냇가로 달려가
새우 떠 잡아와서 국 끓여먹던
내 고향은 옛날 그대로인데
떼 지어 놀던 민물고기는
시내에서 간 데가 없고
맑은 물만 소리 내어
울며 흐르네

굴렁쇠 소년

대문 옆 감나무 가지에
참새 한 마리 날아와 앉는다
이웃 동네 머슴애 하나가
굴렁쇠 굴리며 달린다
기러기는 떼 지어 북쪽으로 날아가며
“내 고향 가는 길이
이리 가면 맞느냐” 물어도
굴렁쇠 머슴애는 못 들었는지
말이 없이 달린다

고향역

서행열차西行列車가
'뚜-' 하고 고함치며 달리는
고향역
손을 흔들며 배웅하는
늙은 어머님의 가슴에
살얼음이 인다

휴가 왔다 떠나가는 아들놈의
모자에 붙은 계급장은 일등병

작은 새가 되어 날아간
어린 시절의 병정 놀이는
철이에겐 흘러간 꿈 같다

언제 비가 오려는지
동쪽 하늘 저쪽으로
무지개 다리 놓았는데
서행西行열차는 '뚜-' 하고
달려가고 있다

오랜만에 찾은 고향

육십여 년 타관살이
지칠 대로 지쳐
오랜만에 정든 고향
찾아를 가니
아는 사람 별로 없어
가슴 아프네

고향땅도 오랜만에 찾으니
낯설은 객지 되고
옛날 놀던 돌담길은
아직도 그대로인데
하늘 나는 까막까치는
낯선 손님 왔다고
반가워 날갯짓하며
머리 위를 돌며 나네

옛날 놀던 정자동엔
노는 사람 하나 없고
아는 사람 하나 못 만나는
고향 땅이라

어릴 적 생각이 문득문득 나고
옛 친구 보고파
어슬렁거리네

시골 장터 노래방

거나하게 취한
동무들 모임

오늘은 철이가
술을 듬뿍 샀다

탬버린을 흔드는 친구
마이크가 크게 운다
"흘러간 삼년 세월…"
목이 찢어지게
"일기장 속에…"가 나온다
늘 이렇게 모여 놀면
설농하겠다며
웃고 떠들어댄다

모임은 왁자지껄
시끄럽기만 하다

큰 술사발

아주 오래 전
내 나이 서른 즈음에
시골학교 선생질 한답시고
도시락 싸서 들고
시골길 넘나들며 오갈 때
주막집 대청에 앉아
막걸리 큰 대접에 가득 담아
술사발에 손가락 담근 채
주모가 떠주던 술사발을 받아
풋고추에 김치 감아
너털웃음 웃으며 취하도록 마시던
그 시절 엊그제처럼 생각나네

그때가 좋았는데
그때가 그립네
언제 다시 그런 시절 돌아올까

지나간 그 세월

생각마다 그대 생각
보고 싶은 그 임인데
짝 잃은 잉꼬 된 나
외롭게 살아가네

앉아 생각 누워 생각
생각마다 그 임 생각인데
멀리 간 그 임은
언제 나를 찾아오려는가

곱다던 내 얼굴은
주름살로 뒤덮였고
새까맣던 머리카락은
백발이 되었네

오순도순 살아가던
즐거웠던 그리운 옛날
잊혀지지 않네

옛 친구들

해묵은 일기장 속
그리운 옛이야기
엉덩이 흔들며 고무줄 뛰던
순이와 자야는
먼 데로 시집간 지 오래되어
지금은 허리 굽은 할머니 되었을 거야
심술부리던 머슴애도
백발 되어 오늘 내일
몸이나 건강했으면 참 좋겠네

시조회관

민족의 정가인 시조창 소리
창을 넘어 멀리 메아리친다

"청산은 어찌 하여…"
점잖은 선비의 노랫소리

어깨를 들썩들썩 뛰고 굴리며
부르는 잡가(유행가)보다
점잖게 앉아 부르는
선비의 노래

시대 감각에 뒤진다 하나
그 나름대로 재미가 있다
나이 많은 선비들이 힘에 부쳐
점잖게 앉아 부르니
젊은이들이 어찌 좋아하겠는가
펄쩍, 펄쩍
뛰고 굴리면서
노래를 불러야만 요사이 젊은이들은
적성이 풀리고 마음에 맞을 것인데

그렇지 못하니 좋아할 리 없지 않은가!
그러나 그 나름대로 재미도 있고
흥겨울 때도 있다

참새 쫓기

'때기' 만들어 새를 쫓던 어릴 때의 이야기다
새끼줄을 머리 위 왼쪽으로 빙빙 돌리다가
오른쪽으로 홱 돌린 줄로 땅을 내려친다
'빵-' 하는 큰 소리에
참새들 놀라 달아난다
어미고, 새끼고 같이 도망가잔 말없이
저 살겠다고 날갯짓하고 달아난다

사람들도 위험할 땐 마찬가지다
원수놈의 6 · 25사변 누가 일으켰는가
황톳재에 비행기가 폭격을 하자
밭 매던 부자는 말없이 도망가 숨었다
한참 후 나와서 숨은 이야기하던
부자간의 이야기 한 토막
아버님은 어디 가셨는지 보이지 않고
젊었던 자식이 팔십 노인 되어
이렇게 아버님을 찾고 있네

보고 싶고 만나고 싶은 아버님
지금 아버님은 어디 가셔서 무얼 하고 계실까

매 실

과수원엔 청매실
주렁주렁 달렸네
일가들 따 가서 엑기스 만들라 해도
따 가려 하지 않네
천덕꾸러기 되어
추운 겨울 오도록 그대로 두면
지나는 까막까치 쪼아 먹고
남은 놈은 그대로 낙과되면
얼마나 아까운가

놀다가 가세

친구들아 이리 와서 놀다가 가게
순이도 오라카고 희야도 오라카고
뒷집에 살던 자야도 오라캐서
재미있게 한번 놀아보세
유수와 같은 세월, 전광석화 같은 세월이라
우리가 늙어지면 못 노나니 재미있게 놀아보세
아리랑도 부르고 도라지 타령도 부르고
학교 종도 땡땡땡… 생각나는 대로 부르세
늙고 병들면 놀지도 못하니
재미있게 오늘 하루 놀다가 가세

부음 · 1

배달부가 전해 주고 간 부음 한 장
며칠 전 환고향했을 적
옛이야기 나누었던
정다운 친구가
먼 길을 떠났다니
정신이 막막하네
참말일까
거짓말이길 바라네
믿어지질 않는 이 부음이
왜 이리 내 가슴을 아프게 할까
달려가 봐야 하겠네
하느님 맙소사
친구의 죽음이
거짓말이길 바라네
더 건강하게 오래 살아야 할 친군데
더 오래 살아야 할 친군데

부음 · 2

엊그제 만나 같이 놀았던 친구
오늘 아침에 염라대왕이 불러
저승길 떠났다고
이웃 친구로부터 연락이 왔네
허겁지겁 찾아가 보니
자식들 울음소리에 대문이 시끄럽네
나도 이제 몇 년이나 더 살겠는가?
얼마 안 있으면 뒤따라갈 내 신세
친구야 아무 말 말고 조용히 떠나게

바 람

불어오는 바람이
창을 흔들고
꽃향기를 싣고
부채질을 한다
더위는 쫓겨 가고
참새는 빨랫줄에 앉아
재잘거린다
먼데 간 임을
데려다 줄 테니
행복하게 잘 살라고 한다
오래오래 잘 살라고 한다

센 바람

강풍에 나뭇가지 춤춘다
아낙네의 치맛자락이 춤을 추고
양복 입은 신사의 모자가 벗겨져
춤을 추고 날아간다
신사는 비뚤비뚤 넘어질까
조심스레 모자 주우러 가고
사람들은 허리를 구부리고
걸음아 날 살려라 하고
달려들 간다

허수아비

가을걷이가 끝난 허허벌판 위 하늘엔
뭉게구름 말없이 떠다니고
참새도 날아들지 않는 허허벌판에
다 해진 헌 옷 걸치고
말없이 서 있는 네 모습이
눈물겹도록 안타깝구나

제4부

훈풍에
실려오는
꽃향기

이른 봄

날씨가 제법 따뜻해졌다
혼자서 화단을 손질하다
말랐던 목단 꽃대에서
봉오리가 맺혀 있는 것을 발견한다
꽃봉오리가 제법 탐스러웠다

'사람들도 저 꽃봉오리처럼
죽어가다 꽃대마냥 다시 살아나면
얼마나 좋을까'

깊은 생각에 잠긴다
철따라 목단은 곱게 웃음을 터뜨리고 있다
참 고맙게 여겨졌다

'겨울에도 말라죽지 않고
싱싱하게 살아 사람들의 마음을
흐뭇하게 해주면 참 좋을 텐데…'

혼자 생각에 잠긴다
꽃은 예쁜데 벌 나비가 날아들지 않는다

* 옛 신라시대 진평왕이 덕만공주(후일 선덕여왕)에게 당나라에서 가져온 모란꽃 그림과 꽃씨를 보였더니 덕만공주가 말하기를 "이 꽃은 비록 매우 아름답기는 하나 틀림없이 향기가 없을 것입니다" 하였다. 진평왕이 웃으며 "네가 그것을 어찌 아느냐?"하니 "꽃을 그렸으나 나비가 없는 까닭에 그것을 알았습니다. 무릇 여자가 뛰어나게 아름다우면 남자들이 따르고 꽃에 향기가 있으면 벌과 나비가 따르기 마련입니다. 이 꽃은 무척 아름다운데도 그림에 벌과 나비가 없으니, 이는 향기가 없는 꽃임에 틀림없습니다." 하는 것이었다. 향과 꿀이 있어야 벌 나비가 날아든다는 것이었다. 매사를 소홀히 보지 않으니까 여왕이 되었다는 옛이야기는 우리에게 깊은 감명을 주는 것이었다.

오는 봄

보릿고개 누렇게 추켜든
긴 밭이랑 위
대소쿠리 옆에 두고
냉이 달래 캐는 소녀
흥얼거리는 봄노래 따라
아지랑이가 춤을 춘다

푸른 하늘이 좋아라
지지배배 종달이
향긋한 봄내음
대소쿠리에 가득 담고
굴뚝 연기 흐르는 토담집으로
봄은 흘러오고 있다
진달래 개나리 동무하여
긴 댕기머리 늘어뜨린
처녀 동무 따라
아장아장 보리밭으로
봄은 찾아오고 있다

할 배

오래 잘 살아보겠다던 돌뱃집 할배가
부산 아들 집에 가서 잘 산다 하더니
고운 상여에 실려 고향산 찾아왔네
가는 세월 이기는 이 없고
저승사자 명령 거역하는 자 없네
살았을 적 친구들과 사이좋게 지내고
가족들과도 오순도순 재미있게 살아가세
살았을 적 좋은 일 많이 하여
좋은 사람으로 이름 남기고 가세
삼천갑자 동방삭도
숯내에서 저승사자에게 꾀여 잡혀갔고
영원히 산다는 것은 모두 거짓말이네
좋은 사람으로 살다가
좋은 사람으로 가야 하네
그러니 조용히 살다가 조용히 가세
아프지 않고 어린아이 소풍 가듯
즐겁게 살다 가는 것이
제일 행복하네

노인정

동네 앞에 있는 노인정에
늙은이 여럿 모여
옛날 얘기 오순도순
해가 져도 집에 갈 줄 모른다
돈벌이 나갔던 손자놈
뭔가 사 들고 와
할아버지 집에 가자니
기분 좋아 따라나서며
너털웃음 웃고 가네
나이 많으면 어린아이 된다더니
그 말이 참말이다

이 세상에 세 가지 거짓말은
예나 지금이나 같다네
첫째가 가시내 시집 안 간다는 말이고
둘째는 나이 많은 노인네 죽고 싶단 말이며
셋째는 장사꾼 남지 않고 밑진다는 말이라네

나이 많은 사람 모여 노는 노인정은
노인들로 왁자지껄하다가
해 지면 모두 가고 조용해지네
노인정이 없으면
나이 많은 어른들이 어디 가서 쉴까
걱정스럽네
정부에서는 늙어가는 노인들을 위해
보다 좋은 대책을 강구하길 바라네

소쩍새 울음 · 1

밤만 되면
구슬피 우는 소쩍새
왜 그리 구슬피 우느냐?
밤마다 소쩍소쩍
구슬피 우니
안타깝구나
무슨 일이 서러워
그리 슬피 우느냐

소쩍소쩍
구슬피 우는
소쩍새야
너 우는 소리에
내 가슴 타들어 간다
소쩍소쩍
구슬피 울지 말고
노래하며
훨훨 날아다녀라

소쩍새 울음 · 2

낮에 놀러갔다가 집 찾아
밤에 올 때
외로워 슬피 우는 소쩍소쩍
소쩍새 소리

무엇이 그리도 서러워
저렇게 슬피 울고 있을까?
오래토록 그렇게 슬피 울고 있으니
나마저 서러워지는구나

소쩍소쩍 소쩍새야
밤이 되었으니 이제 그만 울고 집에 가거라
가족과 만나서 오순도순 얘기하고
편히 쉬거라 소쩍새야

유 행

나이깨나 먹은 사람들은
도리구찌* 모자를 사서 쓰고 다니는 것이
요새 유행이라고 한다
김 노인은 갈색 도리구찌 모자를 쓰고 다니고
이 노인은 청색 도리구찌 모자를 쓰고 다닌다
도리구찌는 일본말로 새의 주둥이란 뜻이다.
모자가 새의 주둥이를 닮은 데서 따온 말인가 싶다
길거리 나가면 나이깨나 든 사람치고
도리구찌를 쓰고 다니지 않는 사람이 없다
유행이란 참으로 무서운 것이다

*도리구찌 : 일본말로 새의 주둥이란 뜻이다.

가는 세월

새벽 일찍
아장아장
뒷동산 오르고
저녁이면
아장아장
달마중 가던
뒷동산 언덕길 옆
푸른 나무들은
예나 지금이나
변함없이 푸르건만
같이 오르내렸던 옛 친구들은
어디 가고 없을까
보고 싶고 만나고 싶으니
얼른 찾아오면 좋겠네

*같은 아파트에 살면서 나이가 비슷한 노인 다섯 사람이 정해진 시간에 같이 산을 오르렸는데 네 친구가 모두 저세상으로 가고 지금은 혼자 산을 오르내리니 세상의 허무함과 간 친구들을 그리워하는 마음이 담긴 노래.

감홍시

목골산 과수원
감나무 가지에
까치밥 두 개
홍시 되어 대롱대롱
찬 서리 내린 추운 날
춥단 소릴 안 하고
쪼아 먹다 남긴 감홍시
아직도 대롱대롱

곶 감

장둥감 곱게 깎아
꼬챙이에 꾀어
양지쪽에 매달아
곱게 말렸다가
손자놈 찾아오면
두세 개 빼어
손자에게
고향 맛 보여주련다
호랑이보다 무섭다던
내가 깎아 말린 곶감
손자놈이 먹어보고
얼마나 좋아할까

들길을 걷노라면

걷는 이 없는 저녁 들길
나 혼자 걸어가노라면
책 보퉁이 메고 어릴 적 같이 다니던
어여뻤던 순이가
생각날 것 같다

텅빈 들판길
벼이삭 까먹으며
사랑스런 이야기
주고받으며
정답게 거닐었던
순이가 생각날 게다

순이는 지금 어디에서
누굴 만나 무슨 이야기하고 놀까
궁금하고 보고 싶은
순이 생각에
내 가슴 타는 듯 아프다

초가지붕

산마을 초가지붕
모릿대 위에
용케도 날아오른
수탉 한 마리
꼬끼오–
긴 울음소리
정오正午가 깊다
꼬끼오–
긴 울음 소리
아기 잠 깰라

눈사람

펄펄 눈이 내린다
하얀 가루 떡 가루
눈이 내린다
강아지 꼬리 흔들며 놀고
동네 꼬마 눈사람 만든다
떨어진 밀짚모자 씌우고
나뭇가지 수염 늘어뜨리고
동네 네거리에
우뚝 서 있는 눈사람
누굴 기다리고 서 있을까?
멀리 간 임이 돌아오길 기다리고
있는 걸까?

화분 두 개

아내가 곱게 심은
난 화분 두 개
간밤 추위에
얼었나 보다
응접실 햇볕 드는 쪽
고이 옮겨 놓고
얼까 걱정되어
한숨이 깊다

귀뚜라미 우는 밤

해 지자 울기 시작한 귀뚜라미
달이 중천에 떠올라도
그칠 줄 모르고 슬피 울고 있네
얼마나 울었는지 목이 쉰 것 같네
저 귀뚜라미 울음소리 그치면
잠을 자자고 동천에 뜬 달과
약속하고 놀았는데
귀뚜라미 소리는 그치질 않네
엄마가 죽었을까, 아빠가 죽었을까
귀뚜라미 우는 소리에 잠 못 이루고
이리 보채고 저리 보채고
밤은 깊어만 가네

해 저무는 바닷가

쪽빛 바다
넘어가는 햇볕 받고
푸르름 토하네
갈매기 너울너울
집 찾아 울며 가고
조개 잡던 할머니
대소쿠리 머리에 이고
바닷물에 쫓겨
집 찾아가네

뻐꾹새

날만 새면 뻐꾹새는
뻐꾹뻐꾹 구슬피 우네
자식 낳아 어디 두고
혼자 찾아와서
저리도 애절하게
울고 있을까
오늘도 뻐꾹뻐꾹 뻐뻐꾹
구슬피 울고 있으니
내 마음도 구슬퍼진다
슬피 우는 뻐꾹새야

풍 란

채난한다며
온 산을 돌아다니다
혀 내밀고 봄을 안은 난과
연분 맺었네

면사포 쓰고 숨죽여 있는 임
살며시 찾아 안으니
알아주는 이 하나도 없건만
혀를 내밀고 혼자 웃고 있네

석양길

해 기울자 잡새들
도란도란 집 찾아 날아가고
시냇물은 꼬불꼬불
물길 따라 흐르는데
서산에 걸린 해님
서쪽 하늘 붉게 물들이고
소 몰고 집 찾은 늙은 농부
꼬부랑길 걸어오네

육 섬

간밤 꿈에 그 임이 나타나
먼길 달려 육섬 찾아갔더니
조개 고동이 입 벌리고
나를 반갑게 맞아 주네

뱃소리는 멀리 울어 날아가고
갈매기는 훨훨 날갯짓하며
왜 그리 자주 안 오느냐
원성이 높네

해님과 저녁놀

동산 위로 솟던 해님
하늘을 돌아
서산 너머 절벽으로
떨어지는구려
동쪽 하늘 붉게 물들이더니
서쪽 하늘도 곱게 물들이고
떠나가는구려
해님의 묘한 재주
우리도 본떠 와서
푸른 산 붉게 단풍 들이고
새들 노랫소리
즐겨 들으면서 춤추며 살아가세

모래밭

철이는 모래밭에 누워
햇볕을 쬐고
옥이는 물속에서
개헤엄 친다
차알싹~ 차알싹~
하얀 물결은
왔다갔다 하면서
심술부리고
갈매기는 그걸 보고
재미있는지
노래 부르고 날아다닌다

옛 생각

보리밭 이랑에 대소쿠리 놓고
소곤소곤 동무와 달래를 캔다
참새도 도망가고 없는 텃밭
풋보리 익으면 한아름 베어
갈빗불에 구워 비벼 먹을
보리밭이다
시커매진 검정 얼굴 마주보고
웃어댔던 옛날 생각하면 웃음이
절로 난다
보리이랑 타고 달래 캐던
어릴 적 같이 뛰놀던 순이가
지금은 어디에서 무엇 하고 있을까
보고 싶고 만나고 싶네
그리고 옛날이야기하고
재미있게 놀고 싶네

임

임은 내 임은
나만 보면 싱글벙글
그저 좋아 어쩔 줄 모른다
싱글벙글
임은 나만 보면
즐겁기만 한 모양이다
싱글벙글

임이 좋아서

앉으나 서나 항상 임 생각난다
밤하늘에 반짝이는
별을 볼 때에도
동산에 높이 뜨는
둥근 보름달을 볼 때에도
바람 부는 들길을
혼자 걸어갈 때에도
자나 깨나 임 생각난다

오지 않는 임

오늘은 임이 찾아오는 날
비바람 몰아치니 못 올까 걱정이네
모진 비바람 부는 날에도
우산 받쳐 들고 아장아장 찾아오던 임
지금은 어디에서 무엇 하고 있을까
보고 싶고 만나고 싶은
그리운 내 임아

*옛 임은 승진하겠다고 사량도 내지분교에 가서 근무하였는데 매주 토요일이면 창원 집엘 다녀갔었다. 퇴직 후 그는 스님이 되어 부처님을 모셔 놓고 밭농사를 지으며 육섬이 내려다보이는 바닷가에서 혼자 조용히 살아가고 있다. 영원한 행복을 빈다.

임을 두고 떠나오며

정든 임과 헤어져 떠나올 때
뒤돌아보고 뒤돌아보고
걸음이 내키지 않고 눈물이 흘러
손수건이 흥건히 젖었네

천년만년 오순도순 살아갈 줄 알았는데
이렇게 내 뜻 아니게 헤어지려니
그리움과 사랑은 산더미처럼 쌓이고
참으로 섭섭만 하네

아무리 어려운 고난이 있어도
우리는 이를 극복하고 다시 만나서
옛날같이 사랑을 나누면서
천년만년 행복하게 살아가고 싶네

새 임

가신 임만 임이 아니라
새로 맞은 임도 임이다
찬밥 더운밥 곱게 차려주고
빨래해서 입혀 주며
아플까 걱정해 주는 그 사람이
참된 나의 임이외다
불면 꺼질까 해 지면 달아날까
걱정되는 그 사람이
나의 참된 임이 아니고
그 누가 나의 임이겠는가

새로 맞은 임

떠난 임 소식은 강풍에 실어
멀리 보내고
새로 맞은 내 임은
영원히 가지 못하게
밧줄로 꽁꽁 묶어 쇠못에 묶어두고
행복하게 오래오래 살아가려네
사랑하고 또 사랑하며
행복하게 오래오래 살아가려네
아끼면서 오래오래 살아가려네

임을 기다리며

큰 병원에 가서 진료를 받아야
오래 살 수 있다는 임의 조언에
강남 세브란스 병원에 가서 진료를 받았다
간호사의 잘못으로 시간이 차질 나서
약을 못 짓고 그냥 왔다
내가 오늘 가서 약을 지어 오려니
임이 나 대신 새벽 일찍
서울로 약 지으러 갔다
해가 지고 어둑어둑하나 임은 오질 않고
연락마저 끊기니 더 걱정이 되었다
휴대폰 배터리가 다 되어
연락을 못했다며 늦게사 남의 폰을 빌어 연락이 왔다
안심이 되었다
아무 일 없이 임이 빨리 와야 할텐데
빌면서 임을 기다렸다

아 내

나이 많고 병들어
잘 움직이지 못하자
왼팔 되고 오른 다리 된
내 아내
오늘도 어린애처럼
살살 걸어보라네
움직여야 산다고
말끝마다 달래는
정든 내 아내
어찌 두고 떠날까
영원히 오래오래
한맘으로 살아야 할텐데

자 비

물소리 철철
막힘 없이 흘러내리고
깊은 산속 산사에선
스님의 목탁 소리
자비로 흐르자
두손 모아
부처님 전에 영겁토록
자비로 살아가자며
빌고 또 비는 불제자들
나무아미타불 관세음보살

나를 잊었나 봐

그렇게도 나를 좋아하던 임
소식 없고 안부 모르니
어찌 사는지 알 길 없고
궁금하기 그지없으니
걱정이 태산 같네
날아오는 강남 제비 편에
소식이나 전해 주오

달 밤

산골 길 꼬불꼬불
요리조리 걸어간다
반쪽 달 동산에 올라
어렴풋이 비춰주고
은하수 총총히 머리 위에서
소리 없이 비춰 주는 밤
옛 임이 그리워
발걸음도 서럽다

책을 마무리 지으며

시는 누구나 즐겨 읽고 싶고 생동감이 넘치고 아름다워야 하는데 이 시집은 그렇지를 못합니다.

문학적 소양이 부족하고 시적 재능이 부족한 사람이 쓴 글이라 그런 것 같습니다.

살아가면서 더 공부하고 노력하여 다음번엔 좀 좋은 시집을 펴내 보도록 노력하겠습니다.

계속 도와주시고 지도하여 주시길 바랍니다.

감사합니다.

경남시인선 140

세월은 흐른다

김종달 시집

펴낸날 | 2011년 7월 28일

지은이 | 김 종 달
펴낸이 | 오 하 룡
펴낸곳 | 도서출판 경남

주　소 | 631-430 창원시 마산합포구 남성로 42
연락처 | (055)245-8818~8819/223-4343(f)
홈페이지 | www.gnbook.com
블로그 | gnbook.tistory.com
이메일 | gnbook@empal.com
등　록 | 제2호(1985. 5. 6.)
편집팀 | 오태민 | 심경애 | 구도희

ISBN 978-89-7675-702-9-03810

〔값 8,000원〕